태스크로 배우는

문화와 일본어

日

태스크로 배우는

문화와 일본어

本

語

김지선 아사카와 유키
요시다 레이코 혼다 미호 지음

솔과학

前書(まえが)き

이 책은 초급 후반에서 중급 수준의 일본어 학습자를 대상으로 일본 문화에 대한 이해의 폭을 넓히고 일본어로 자연스럽게 소통하는 것을 목표로 한 회화 교재입니다. 이 교재는 태스크 기반 언어교육(Task-Based Language Teaching: TBLT)에 근거한 활동을 중심으로 구성되어 있으며 일본 문화의 다양한 측면을 다루고 있습니다. 일상생활 속에서 흔히 마주치는 상황에서 여러 태스크를 수행하는 과정을 통해 일본어 능력의 향상은 물론 일본 문화에 대한 이해를 더욱 확대·심화할 수 있을 것입니다.

이 교재의 학습목표 및 특징은 다음과 같습니다.

《학습목표》

- 자신의 생각이나 감정, 경험에 대해 일본어를 구사하면서 의사소통을 할 수 있다.
- 일본 문화를 배우면서 일본에 대해 제대로 알고 이해할 수 있다.
- 자문화와 비교하면서 다양한 관점에서 상대적으로 문화를 인식할 수 있다.

《특징》

- 생활 문화, 대중 문화, 전통 문화와 같은 다양한 테마의 문화를 다룬다.
- 사전 태스크, 메인 태스크, 발전 태스크(pre-task, main-task, advanced-task)의 3단계 태스크 수행을 통해 스텝업을 꾀한다.
- 사전 태스크 및 메인 태스크에서는 문법이나 표현을 한정하지 않고 학습자가 자율적으로 커뮤니케이션을 행한다. 발전 태스크에서는 일본 사이트나 어플리케이션을 이용해 생생한 일본어에 접하면서 태스크를 수행한다.
- 태스크 수행 시 학습자의 능동적인 참여를 촉진하고 타 학습자와의 협동 활동을 통해 상호작용이 활성화되도록 한다.
- 학습자가 자신의 학습 성과를 평가하고 성찰하는 활동을 통해 자기조절 학습(self-regulated learning)으로 이어지도록 한다.

이 교재에는 일본 문화와 일본어를 함께 익힐 수 있는 흥미로운 태스크가 가득 담겨 있습니다. 이 교재를 활용함으로써 일본 문화를 재발견하는 계기가 되고 지속적인 일본어 학습의 발판이 마련될 수 있기를 기대합니다.

저자 일동

日本各地の有名な食べ物について学びましょう
日本のサイトを使って、おいしい店を調べてみましょう
10

✓ 学習目標

課で学習する内容を確認します

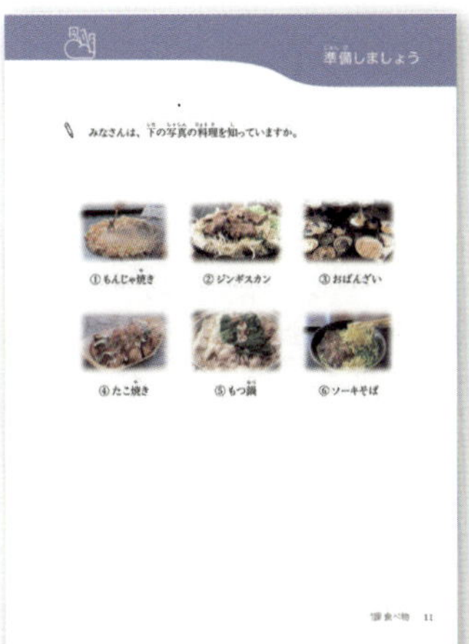
準備しましょう
みなさんは、下の写真の料理を知っていますか。
①もんじゃ焼き ②ジンギスカン ③おばんざい
④たこ焼き ⑤もつ鍋 ⑥ソーキそば
1課 食べ物 11

✓ 準備しましょう

タスクに関する単語を確認します

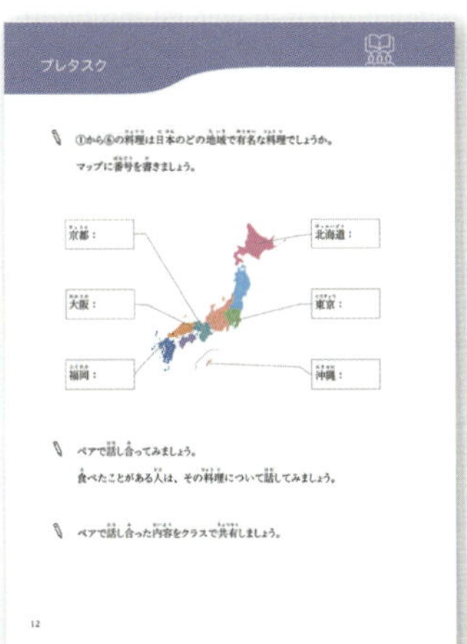
プレタスク
①から⑥の料理は日本のどの地域で有名な料理でしょうか。
マップに番号を書きましょう。
京都： 北海道：
大阪： 東京：
福岡： 沖縄：
ペアで話し合ってみましょう。
食べたことがある人は、その料理について話してみましょう。
ペアで話し合った内容をクラスで共有しましょう。
12

✓ プレタスク

メインタスクをするための準備段階

として、簡単なタスクをします

テキストの構成

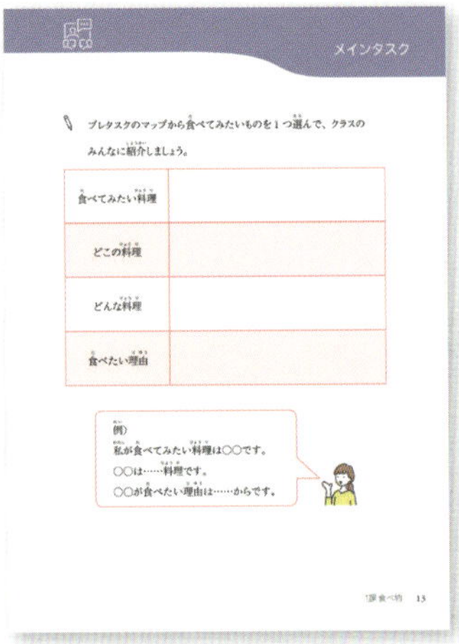

メインタスク

プレタスクのマップから食べてみたいものを１つ選んで、クラスのみんなに紹介しましょう。

食べてみたい料理	
どこの料理	
どんな料理	
食べたい理由	

1課 食べ物　13

✓ メインタスク

授業のメインとなるタスクで、ペアやグループでテーマについて調べ発表します

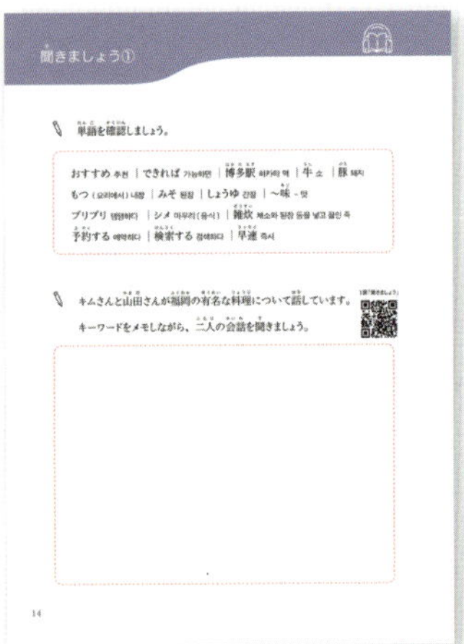

聞きましょう①

単語を確認しましょう。

おすすめ 추천 ｜ できれば 가능하면 ｜ 博多駅 하카타 역 ｜ 牛 소 ｜ 豚 돼지
もつ (요리에서) 내장 ｜ みそ 된장 ｜ しょうゆ 간장 ｜ ~味 ~맛
プリプリ 탱탱하다 ｜ シメ 마무리(음식) ｜ 雑炊 채소와 밥을 등을 넣고 끓인 죽
予約する 예약하다 ｜ 検索する 검색하다 ｜ 早速 즉시

キムさんと山田さんが福岡の有名な料理について話しています。キーワードをメモしながら、二人の会話を聞きましょう。

14

✓ 聞きましょう①②

テーマについてのモデル会話を聞いてクイズにチャレンジします

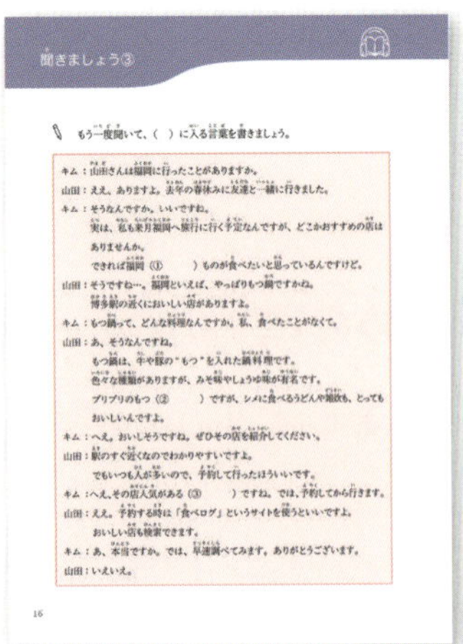

聞きましょう③

もう一度聞いて、（　）に入る言葉を書きましょう。

キム：山田さんは福岡に行ったことがありますか。
山田：ええ、ありますよ。去年の春休みに友達と一緒に行きました。
キム：そうなんですか。いいですね。
実は、私も来月福岡へ旅行に行く予定なんですが、どこかおすすめの店はありませんか。
できれば福岡（①　　　）ものが食べたいと思っているんですけど。
山田：そうですね…。福岡といえば、やっぱりもつ鍋ですかね。
博多駅の近くにおいしい店がありますよ。
キム：もつ鍋って、どんな料理なんですか。私、食べたことがなくて。
山田：あ、そうなんですね。
もつ鍋は、牛や豚の"もつ"を入れた鍋料理です。
色々な種類がありますが、みそ味やしょうゆ味が有名です。
プリプリのもつ（②　　　）ですが、シメに食べるうどんや雑炊も、とってもおいしいんですよ。
キム：へえ。おいしそうですね。ぜひその店を紹介してください。
山田：駅のすぐ近くなのでわかりやすいですよ。
でもいつも人が多いので、予約して行ったほうがいいです。
キム：へえ、その店人気がある（③　　　）ですね。では、予約してから行きます。
山田：ええ。予約する時は「食べログ」というサイトを使うといいですよ。
おいしい店も検索できます。
キム：あ、本当ですか。では、早速調べてみます。ありがとうございます。
山田：いえいえ。

16

✓ 聞きましょう③

ポイントとなる文法・表現を穴埋めしながらもう一度モデル会話を聞きます

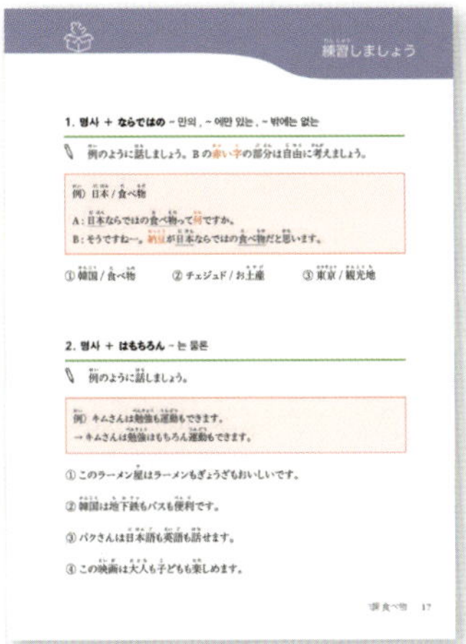

✓ 練習しましょう

ポイントとなる文法・表現を練習します

✓ 発展タスク

課の総まとめとして、日常生活で役に立つ、より発展的なタスクをします

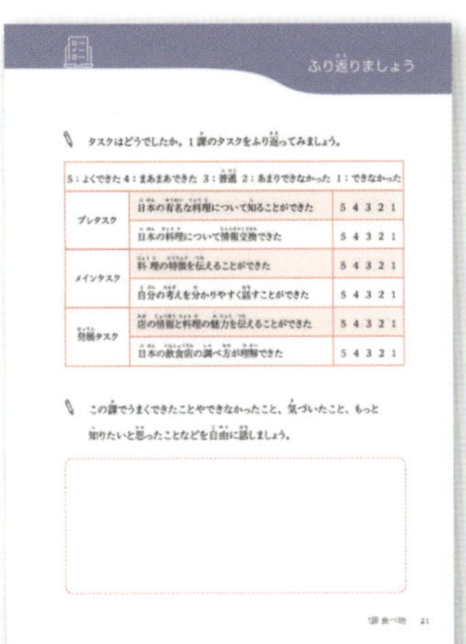

✓ ふり返りましょう

各タスクについてどれだけ目標を達成できたかふり返ります

目次

01 食べ物(たもの)

- 日本各地の有名な食べ物について学びましょう
- 日本のサイトを使って、おいしい店を調べてみましょう

準備しましょう

みなさんは、下の写真の料理を知っていますか。

① もんじゃ焼き

② ジンギスカン

③ おばんざい

④ たこ焼き

⑤ もつ鍋

⑥ ソーキそば

プレタスク

①から⑥の料理は日本のどの地域で有名な料理でしょうか。
マップに番号を書きましょう。

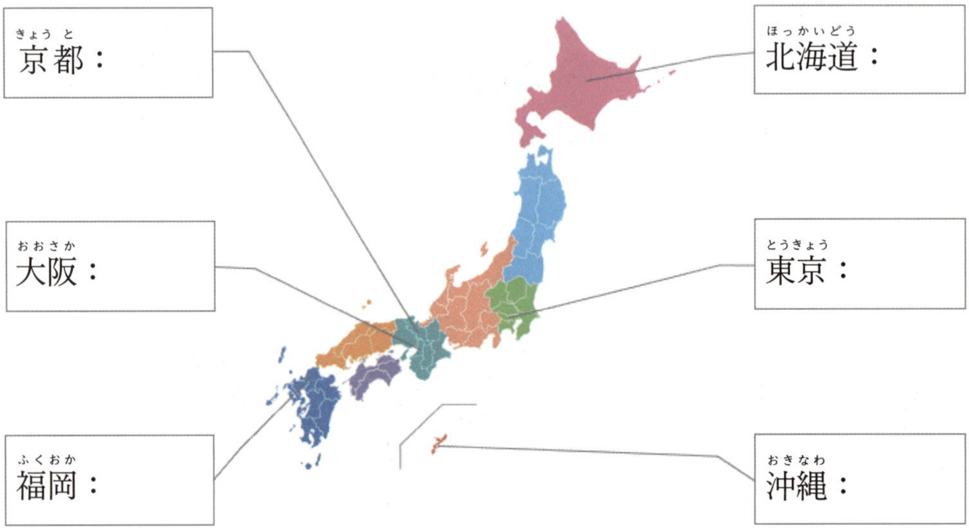

ペアで話し合ってみましょう。
食べたことがある人は、その料理について話してみましょう。

ペアで話し合った内容をクラスで共有しましょう。

メインタスク

プレタスクのマップから食べてみたいものを１つ選んで、クラスのみんなに紹介しましょう。

食べてみたい料理	
どこの料理	
どんな料理	
食べたい理由	

例）

私が食べてみたい料理は○○です。

○○は……料理です。

○○が食べたい理由は……からです。

聞きましょう①

単語を確認しましょう。

おすすめ 추천 | できれば 가능하면 | 博多駅 하카타 역 | 牛 소 | 豚 돼지

もつ (요리에서) 내장 | みそ 된장 | しょうゆ 간장 | ～味 ~맛

プリプリ 탱탱하다 | シメ 마무리(음식) | 雑炊 채소와 된장 등을 넣고 끓인 죽

予約する 예약하다 | 検索する 검색하다 | 早速 즉시

キムさんと山田さんが福岡の有名な料理について話しています。

キーワードをメモしながら、二人の会話を聞きましょう。

1課「聞きましょう」

聞きましょう②

クイズに挑戦しましょう。

Q 1. キムさんは来月どこへ旅行に行く予定ですか。

Q 2. もつ鍋とは、どんな料理ですか。

Q 3. 文の内容に合うものには○、合わないものには×を書きましょう。

① キムさんはもつ鍋を食べたことがある。(　)

② もつ鍋を食べる時、最後に麺やご飯を入れる。(　)

③ 山田さんがよく行く店はあまり人気がない。(　)

聞きましょう③

もう一度聞いて、（　）に入る言葉を書きましょう。

キム：山田さんは福岡に行ったことがありますか。

山田：ええ、ありますよ。去年の春休みに友達と一緒に行きました。

キム：そうなんですか。いいですね。
実は、私も来月福岡へ旅行に行く予定なんですが、どこかおすすめの店はありませんか。
できれば福岡（①　　　　）ものが食べたいと思っているんですけど。

山田：そうですね…。福岡といえば、やっぱりもつ鍋ですかね。
博多駅の近くにおいしい店がありますよ。

キム：もつ鍋って、どんな料理なんですか。私、食べたことがなくて。

山田：あ、そうなんですね。
もつ鍋は、牛や豚の“もつ”を入れた鍋料理です。
色々な種類がありますが、みそ味やしょうゆ味が有名です。
プリプリのもつ（②　　　　）ですが、シメに食べるうどんや雑炊も、とってもおいしいんですよ。

キム：へえ。おいしそうですね。ぜひその店を紹介してください。

山田：駅のすぐ近くなのでわかりやすいですよ。
でもいつも人が多いので、予約して行ったほういいです。

キム：へえ、その店人気がある（③　　　　）ですね。では、予約してから行きます。

山田：ええ。予約する時は「食べログ」というサイトを使うといいですよ。
おいしい店も検索できます。

キム：あ、本当ですか。では、早速調べてみます。ありがとうございます。

山田：いえいえ。

練習しましょう

1. 명사 + ならではの ~만의 , ~에만 있는 , ~밖에는 없는

例のように話しましょう。Bの赤い字の部分は自由に考えましょう。

例）日本 / 食べ物

A : 日本ならではの食べ物って何ですか。

B : そうですね…。納豆が日本ならではの食べ物だと思います。

① 韓国 / 食べ物　② チェジュド / お土産　③ 東京 / 観光地

2. 명사 + はもちろん ~는 물론

例のように話しましょう。

例）キムさんは勉強も運動もできます。

→ キムさんは勉強はもちろん運動もできます。

① このラーメン屋はラーメンもぎょうざもおいしいです。

② 韓国は地下鉄もバスも便利です。

③ パクさんは日本語も英語も話せます。

④ この映画は大人も子どもも楽しめます。

3. 동사 / 형용사 보통체 ＋ みたいだ ~인 것 같다

絵を見て例のように次の人たちの様子を話しましょう。

例）キムさん ① 田中さん ② パクさん ③ 木村さん ④ チェさん ⑤ 山田さん

> 例）キムさんはいいことがあったみたいです。

日本では飲食店を検索する時に「食べログ」というサイトを使うことがあります。サイトの使い方を確認しましょう。

（写真はスマートフォン版のものです）https://tabelog.com

探したいエリアや駅を入力

お店の名前や料理の名前を入力

お店の名前、評価、予算、メニューなどが確認できます

発展タスク

✎ 単語を確認しましょう。

グルメリポーター 미식 리포터 ｜ 視聴者 시청자 ｜ 評価 평가 ｜ 座席 좌석

個室 개별실 , 단독룸 ｜半個室 반 / 오픈 개별실 ｜ 貸切 (공간) 대여 / 대관 , (버스) 대절 / 전세

予算 예산 ｜ コース 코스 ｜ クーポン 쿠폰 ｜ 口コミ / レビュー 후기 , 리뷰

ネット予約 인터넷 예약

✎ みなさんはグルメリポーターです。メインタスクで調べた料理について、食べログでおいしい店を調べてテレビの視聴者に紹介しましょう。

料理の名前	
店の名前	
店の場所	
店の評価	
人気メニュー / 値段	

例）

みなさん、こんにちは。グルメリポーターの○○です。
今日はみなさんに△△という□□のお店を紹介します。
お店は……にあります。人気メニューは……で、値段は……。

ふり返りましょう

✎ タスクはどうでしたか。1課のタスクをふり返ってみましょう。

5：よくできた 4：まあまあできた 3：普通 2：あまりできなかった 1：できなかった		
プレタスク	日本の有名な料理について知ることができた	5 4 3 2 1
	日本の料理について情報交換できた	5 4 3 2 1
メインタスク	料理の特徴を伝えることができた	5 4 3 2 1
	自分の考えを分かりやすく話すことができた	5 4 3 2 1
発展タスク	店の情報と料理の魅力を伝えることができた	5 4 3 2 1
	日本の飲食店の調べ方が理解できた	5 4 3 2 1

✎ この課でうまくできたことやできなかったこと、気づいたこと、もっと知りたいと思ったことなどを自由に話しましょう。

02 マナー

- 日本の様々なマナーについて学びましょう
- 韓日のマナーの違いについて考えてみましょう

準備しましょう

韓国、日本にはそれぞれどのような食事のマナーがあるでしょうか。

プレタスク

日本の食事マナーについて知っていることをリストアップしましょう。

□

□

□

□

□

□

□

上で考えた内容をペアで話し合ってみましょう。

ペアで話し合った内容をクラスで共有しましょう。

韓国と日本の食事のマナーの違いについて調べて整理しましょう。

表が完成したら、その内容をクラスで発表しましょう。

韓国	マナー	日本
	例）ご飯の食べ方	

例）
韓国ではご飯を食べる時……。
一方で、日本では……という違いがあります。

聞きましょう①

単語を確認しましょう。

定食 정식 | 頼む 부탁하다, 주문하다 | ～しか ~밖에 | みそ汁 된장국 | 汁物 국
おかず 반찬 | 大体 대개 | 両方 양쪽 | 置く 두다, 놓다 | 違う 다르다
うつわ 그릇 | ～まま ~한 채 | 正反対 정반대 | 失礼 실례 | ～ように ~도록
気をつける 조심하다 | 使い分ける 구별해서 쓰다

キムさんと山田さんが食事のしかたについて話しています。

キーワードをメモしながら、二人の会話を聞きましょう。

2課「聞きましょう」

クイズに挑戦しましょう。

Q 1. キムさんは食堂で何が不便だったと言っていますか。

Q 2. 韓国では、はしとスプーンをどのように使い分けていますか。

Q 3. 文の内容に合うものには○、合わないものには×を書きましょう。

① 日本では、汁物を飲む時にもはしを使うことが多い。（　）

② 日本の飲食店には普通、スプーンしかない。（　）

③ 韓国では、うつわを置いたまま食事をしてはいけない。（　）

聞きましょう③

もう一度聞いて、（　）に入る言葉を書きましょう。

キム：あ、山田さん。ちょっと聞きたいことがあるんですけど…。

山田：どうしたんですか。

キム：日本ではご飯を食べる時、スプーンはあまり使わないんですか。
この間食堂に行った時、定食を頼んだのに、はししか出てこなかったんです。
みそ汁を飲む時にスプーンがなくて少し不便でした。

山田：うーん。使わない（①　　　　　　　　　）ですが、基本的におはしだけで食べることが多いですね。

キム：へえー。そうなんですね。知りませんでした。

山田：韓国ではスプーンもよく使うんですか。

キム：ええ。韓国ではご飯と汁物はスプーンで、おかずははしで食べるんです。
韓国の食堂に行くと、大体はしとスプーンの両方が（②　　　　　　　　　）よ。

山田：そうなんですか。日本と韓国で少し違うんですね。

キム：そうですね。韓国ではご飯を食べる時、うつわを置いたまま食べますが、日本ではうつわを持って食べるのがマナーというのも正反対でおもしろいですよね。

山田：確かにそうですね。
国に（③　　　　　　）いろいろなマナーがあるので、失礼にならないように気をつけないといけませんね。

1. 보통체 + わけではない (반드시) ~ 인 것은 아니다 , ~ 하는 것은 아니다

例のように話しましょう。

例) 大学生 / 毎日遊んでいる
→ 大学生だからといって、毎日遊んでいるわけではありません。

① アメリカに住んでいた / 英語が上手に話せる

② ダイエットをしている / 何も食べない

③ お金持ち / 幸せだ

④ 日本人 / みんな寿司が好きだ

練習しましょう

2. ～が ＋ 타동사 ＋ てある ~ 되어 있다

例のように話しましょう。

例）ドアを開けました → ドアが開けてあります。

① 窓を閉めました →

② ジュースを冷やしました →

③ 花を飾りました →

④ エアコンをつけました →

⑤ 料理を作りました →

3. 명사 ＋ によって ~ 에 따라서

例のように話しましょう。

例）マナー / 国 / 違う → マナーは国によって違います。

① 好きな食べ物 / 人 / 様々だ

② ランチメニュー / 曜日 / 変わる

③ 給料 / 仕事の成果 / 決まる

④ 話し方 / 相手 / 変えたほうがいい

日本には食事以外にも様々なマナーがあります。下の①から④の中から興味のあるテーマを１つ選び、共通点と相違点を調べてみましょう。

① 結婚式のマナー　② 葬式のマナー　③ 家を訪問する時のマナー

④ その他

調べたテーマ	
韓国との共通点	
韓国との相違点	
韓国・日本のタブー 避けたほうが良いこと	
気づいたこと・感想	

発展タスク

単語を確認しましょう。

結婚式 결혼식 ｜（お）葬式 장례식 ｜訪問する 방문하다｜共通点 공통점
相違点 차이점｜タブー 터부, 금기｜避ける 피하다｜招待状 청첩장, 초대장
服装 복장 ｜（ご）祝儀 축의금｜香典 조의금 ｜焼香 분향｜（お）土産 선물

調べた内容をクラスのみんなで共有しましょう。

例）
私（たち）は○○のマナーについて調べました。
まず、韓国との共通点は……。次に、相違点は……。
また、日本の○○では……がタブーとされています。

タスクはどうでしたか。2課のタスクをふり返ってみましょう。

5：よくできた 4：まあまあできた 3：普通 2：あまりできなかった 1：できなかった		
プレタスク	日本の食事マナーについて、自分の知っていることを整理できた	5 4 3 2 1
	日本の食事マナーについて情報交換できた	5 4 3 2 1
メインタスク	韓日の食事マナーの違いを理解できた	5 4 3 2 1
	韓日を比較しながら分かりやすく発表することができた	5 4 3 2 1
発展タスク	自分が選んだテーマについて詳しく調べ、発表することができた	5 4 3 2 1
	様々なテーマのマナーについて理解できた	5 4 3 2 1

この課でうまくできたことやできなかったこと、気づいたこと、もっと知りたいと思ったことなどを自由に話しましょう。

03 アニメ・マンガ

- 日本の人気アニメ・マンガについて知りましょう
- アニメやマンガを日本語で紹介できるようになりましょう

準備しましょう

みなさんは、下の作品を知っていますか。

① ハイキュー　https://haikyu.jp/index2.html

② 名探偵コナン　https://www.conan-portal.com/#newsContent

③ クレヨンしんちゃん　https://www.shinchan-app.jp

④ 夏目友人帳　http://www.natsume-anime.jp

⑤ かぐや様は告らせたい～天才たちの恋愛頭脳戦～　https://youngjump.jp/kaguyasama/

⑥ 鬼滅の刃　https://kimetsu.com/anime/

プレタスク

①から⑥のアニメ（マンガ）は、どんなジャンルの作品だと思いますか。
下の表に番号を書きましょう。

ジャンル	番号
格闘（バトル）	
ギャグ	
ファンタジー	
恋愛（ラブコメ）	
スポーツ	
推理（ミステリー）	

ペアで話し合ってみましょう。
知っている作品がある人は、その作品について話してみましょう。

ペアで話し合った内容をクラスで共有しましょう。

メインタスク

プレタスクの作品の中から興味のあるものを１つ選び、調べてクラスのみんなに紹介しましょう。（他に紹介したい作品がある人は、それを調べてもかまいません）

タイトル	
ジャンル	
あらすじ	
おすすめポイント	

例）
私がみなさんに紹介する作品は○○です。
ジャンルは△△で、あらすじは……です。
この作品のおすすめポイントは……。

聞きましょう①

単語を確認しましょう。

バレる 들키다 | ハマる 빠지다 | ～もの ~물, ~류 | 語る 말하다 | バレーボール 배구
熱中する 열중하다 | 描く 그리다 | 主人公 주인공 | 仲間 친구, 동료
成長する 성장하다 | 姿 모습 | かっこいい 멋있다 | 原作 원작
累計発行部数 누계 발행부수 | ～部 ~부 | 大ヒット 대히트 | ～化 ~화
躍動感 약동감, 생동감 | 嬉しい 기쁘다 | 魅力 매력 | 感想 감상, 소감

3課「聞きましょう」

キムさんと山田さんが好きなアニメについて話しています。

キーワードをメモしながら、二人の会話を聞きましょう。

聞きましょう②

クイズに挑戦しましょう。

Q1. キムさんはどんなジャンルのアニメが好きですか。

Q2. 山田さんによれば、ハイキューとはどんなアニメですか。

Q3. 文の内容に合うものには○、合わないものには×を書きましょう。

① キムさんはハイキューを見たことがある。（　）

② ハイキューは映画化された。（　）

③ 山田さんはマンガよりもアニメのほうが好きだ。（　）

聞きましょう③

もう一度聞いて、(　　)に入る言葉を書きましょう。

山田：あれ？キムさん、なんだか眠そうですね。

キム：あはは。バレましたか。実は、昨日夜遅くまでアニメを見てたんです。

山田：そうだったんですか。キムさん、アニメが好きなんですね。

キム：ええ。最近、日本のアニメにハマっているんですよ。
特に、スポーツやバトルもののアニメが好きでたくさん見ています。
アニメ（①　　　　　　　　）日本の文化は語れませんよ。

山田：そうですね。スポーツものなら、ハイキューっていうアニメがおすすめですよ。
キムさんは見たことがありますか。

キム：いいえ。タイトルは聞いたことがありますけど…。

山田：ハイキューはバレーボールに熱中する高校生たちを描いた作品で、主人公が仲間と一緒に成長していく姿がとってもかっこいいんですよ。

キム：へえ、おもしろそうですね。私の好きなストーリーです。

山田：原作のマンガは累計発行部数 5,500 万部を超える大ヒットで、アニメ化（②　　　　　　　　）映画化もされたんですよ。
私は最初マンガのほうを読んでいたんですが、アニメも最高でした。

キム：そうなんですか。好きなマンガがアニメ化されると、躍動感もあるし、何よりキャラクターが動いて話しているのが嬉しいですよね。

山田：同感です。マンガとアニメ、どちらもそれぞれの魅力がありますよね。
ぜひキムさんにもハイキューを（③　　　　　　　　）です。

キム：うんうん。じゃあ、今日は帰ってハイキューを見ることにします。

山田：やった！見たら、ぜひ感想を教えてくださいね。

キム：分かりました。

練習しましょう

1. 명사 + を抜きにしては ~을 빼고는 , ~을 제쳐두고는

例のように話しましょう。赤い字の部分は自由に考えましょう。

> 例）日本の文化 / 語れない
> 日本の文化はアニメを抜きにしては語れません。

① 韓国の文化 / 語れない

② 私の学生時代 / 語れない

③ 韓国の料理 / 成り立たない

④ 現代社会 / 生きられない

2. 보통체 + だけでなく（だけじゃなくて）~뿐만 아니라

例のように話しましょう。

> 例）ハイキューは、アニメ化も映画化もされました。
> → ハイキューは、アニメ化だけでなく映画化もされました。

① 健康のためには、肉も魚も食べたほうがいいですよ。

② このレストランは、おいしいし値段も安いから好きです。

③ パクさんは、イケメンだし性格もいいです。

④ 図書館では、本を借りられるしパソコンも使うことができます。

2. て형 + もらいたい (상대가 나에게) ~ 해주었으면 좋겠다

例のように話しましょう。B の赤い字の部分は自由に考えましょう。

例）田中さん

A : 田中さんに何をしてもらいたいですか。

B : そうですね…。韓国語を教えてもらいたいです。

① お母さん　② 友達　③ 恋人　④ 日本語の先生

グループになり、下の三人の好みに合った日本のアニメを探して、すすめてみましょう。

① 中村さん 10代 / 男
★ 好きなジャンル：スポーツ
★ リクエスト：男性向けの熱いスポーツアニメが見たいです。
昔のアニメじゃなくて、最近のアニメだと嬉しいです。

② 佐藤さん 20代 / 女
★ 好きなジャンル：恋愛（ラブコメ）
★ リクエスト：ドキドキできるラブストーリーが見たいです。
重い話は苦手なので、笑えるアニメがいいです。

③ 田中さん 40代 / 男
★ 好きなジャンル：バトル・格闘
★ リクエスト：家族みんなで楽しめるアニメを探しています。
アニメに詳しくないので、まずは有名な作品が見たいです。

単語を確認しましょう。

〜向け ~ 대상 | 熱い 뜨겁다 | ドキドキ 두근두근 | 重い 무겁다 | 苦手だ 질색이다
笑う 웃다 | 探す 찾다 | 詳しい 잘 알고 있다

発展(はってん)タスク

おすすめするアニメについて整理(せいり)しましょう。

タイトル	
ジャンル	
あらすじ	
このアニメを選(えら)んだ理由(りゆう)	
おすすめポイント	

調(しら)べた内容(ないよう)を発表(はっぴょう)しましょう

例(れい)）

私(わたし)たちが〇〇さんに紹介(しょうかい)したいアニメは△△です。

ジャンルは□□で、あらすじは……です。

この作品(さくひん)を選(えら)んだ理由(りゆう)は……からです。

この作品(さくひん)のおすすめポイントは……。

ふり返りましょう

タスクはどうでしたか。3課のタスクをふり返ってみましょう。

5：よくできた 4：まあまあできた 3：普通 2：あまりできなかった 1：できなかった		
プレタスク	日本のアニメ・マンガのジャンルについて理解できた	5 4 3 2 1
	アニメ・マンガについて情報交換できた	5 4 3 2 1
メインタスク	作品の内容を伝えることができた	5 4 3 2 1
	自分の考えを分かりやすく話すことができた	5 4 3 2 1
発展タスク	様々なジャンルの作品を調べることができた	5 4 3 2 1
	相手の好みに合わせた作品を紹介できた	5 4 3 2 1

この課でうまくできたことやできなかったこと、気づいたこと、もっと知りたいと思ったことなどを自由に話しましょう。

04 アルバイト

- アルバイトについて自身の経験を話してみましょう
- 日本のサイトを使って、アルバイトを探してみましょう

みなさんは、下(した)のアルバイトについてどれくらい知(し)っていますか。

① カフェ

② 塾講師(じゅくこうし)・家庭教師(かていきょうし)

③ アパレル

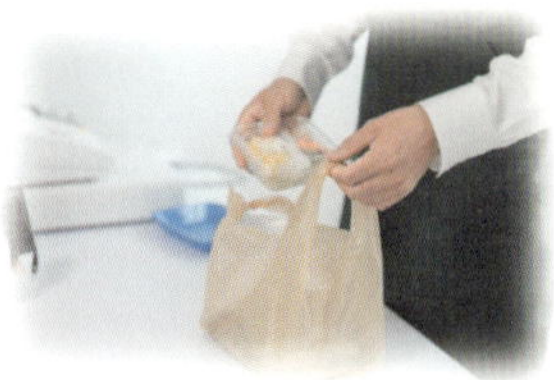

④ コンビニ

⑤ 居酒屋(いざかや)

⑥ リゾート

下(した)のアルバイト用語(ようご)はどんな意味(いみ)でしょうか。

シフト	時給(じきゅう)	単発(たんぱつ)	短期(たんき)	長期(ちょうき)
接客(せっきゃく)	レジ	品出(しなだ)し	ホール	キッチン
交通費支給(こうつうひしきゅう)	まかない	服装自由(ふくそうじゆう)	髪型自由(かみがたじゆう)	

プレタスク

①から⑥は日本の大学生の間で人気のあるアルバイトです。レビューを参考にしながら、当てはまるアルバイトを考えて番号を書きましょう。

番号	レビュー
	☺ コミュニケーション能力が上がる / 髪の色や髪型、爪、服装が自由 ☹ 接客が難しい / セール期間は忙しくて疲れる
	☺ 若い人が多くてバイト仲間がたくさんできる / まかないがおいしい ☹ 夜遅くまで働くのが大変
	☺ バイト初心者でもやりやすい / レジ、品出しなど色々な仕事がある ☹ 覚えることが多くて最初は大変
	☺ おしゃれなところで働ける / コーヒーの淹れ方や簡単な調理が学べる ☹ 覚えることが多い / 時給が安いところが多い
	☺ 短期間でお金を稼げる / リゾート地でリフレッシュできる ☹ 労働時間が長くて疲れる
	☺ 時給が高い / 生徒との交流が楽しく、やりがいが感じられる ☹ シフトを調整するのが難しい

ペアで話し合ってみましょう。

レビューを見た感想や韓国との比較についても話しましょう。

ペアで話し合った内容をクラスで共有しましょう。

メインタスク

みなさんのアルバイト経験をクラスのみんなに紹介しましょう。アルバイトの経験がない人は、やってみたいアルバイトについて話しましょう。

アルバイトの種類	
いつ・どこで・どのくらい（経験がある人）	
選んだ理由	
よかったところ（よさそうなところ）	
嫌だったところ（悪そうなところ）	

例）
私がしたことのあるアルバイトは○○です。
（私がしてみたいアルバイトは○○です。）
このアルバイトを選んだ理由は……からです。
このアルバイトのよかったところは……です。
反対に、嫌だったところは……です。

聞きましょう①

単語を確認しましょう。

バイト 아르바이트의 줄임말 ｜割と 비교적｜シフト 시프트 (근무하는 날 , 시간)
自由だ 자유롭다｜働く 일하다｜メリット 메리트 , 장점｜覚える 외우다｜レジ 계산대
品出し 상품 진열｜調理 조리｜宅配便 택배｜手配 준비｜足 발 , 다리
せっかく 모처럼｜年 나이｜両立する 양립하다｜不安だ 불안하다
おろそかにする 소홀히 하다｜長期 장기｜宿泊施設 숙박시설｜ピッタリ 딱 맞다
調整 조정｜幅広い 폭넓다

4 課「聞きましょう」

キムさんと山田さんが好きなアルバイトについて話しています。
キーワードをメモしながら、二人の会話を聞きましょう。

聞きましょう②

クイズに挑戦しましょう。

Q1. 山田さんは今、どんなバイトをしていますか。

Q2. キムさんがバイトをしていない理由は何ですか。

Q3. 文の内容に合うものには○、合わないものには×を書きましょう。

① 山田さんが働いている店はシフトの調整がしにくい。（　）

② コンビニではレジの他に品出しや調理の仕事もする。（　）

③ キムさんはバイト先で、幅広い年齢の人と仲良くなりたいと思っている。（　）

もう一度聞いて、（　）に入る言葉を書きましょう。

キム：山田さん、ちょっと聞きたいことがあるんですけど…。
山田：何ですか。
キム：実は今、アルバイトをしようかと思っていて。山田さん、コンビニでバイトしてますよね。コンビニのバイトってどうですか。
山田：そうですね…。うちの店は割とシフトが自由なので、好きな時に働けるのがいいですね。テストの前とかは休みをもらえますし。
キム：へえ。学生（①　　　　　　　）それは大きなメリットですね。
山田：ええ。でも、仕事の量が多いので最初は覚えるのが大変でしたよ。
レジ以外にも品出しや簡単な調理、宅配便の手配とかもしないといけないので…。
それに、ずっと（②　　　　　　　）なので足が痛いんですよね。
キム：コンビニのバイトってもっと楽かと思ってましたけど、違うんですね。
山田：そうなんですよ。キムさんはどんなバイトに興味があるんですか。
キム：うーん。せっかく日本に来たので、年の近い人たちが多いところで働いてバイト仲間を作りたいと思っています。
でも、学校の授業が忙しくて、勉強とバイトを両立できるか不安なんです。
授業をおろそかにする（③　　　　　　　）し…。
山田：それなら、リゾートバイトはどうですか。夏休み、冬休みなどの長期の休みの間だけリゾート地や観光地にある宿泊施設で働くんです。
観光地でリフレッシュできるし、若い人が多いので友達もできると思いますよ。
キム：へえ。私にピッタリのバイトですね。
今度の夏休みはリゾートバイトにチャレンジしてみようかな。
山田：いいですね。

練習しましょう

1. 명사 + にとって ~ 에게 있어서

例のように話しましょう。B の赤い字の部分は自由に考えましょう。

例）大学生

A : 大学生にとって一番大切なことは何だと思いますか。

B : そうですね…。色々な経験をすることが大学生にとって一番大切だと思います

① 子ども　② 受験生　③ スポーツ選手　④ 外国語を勉強する人

練習しましょう

2. **ますす형 ＋ っぱなし** 계속 ~ 한 상태 , ~ 해 놓은 채

絵を見て例のように話しましょう。

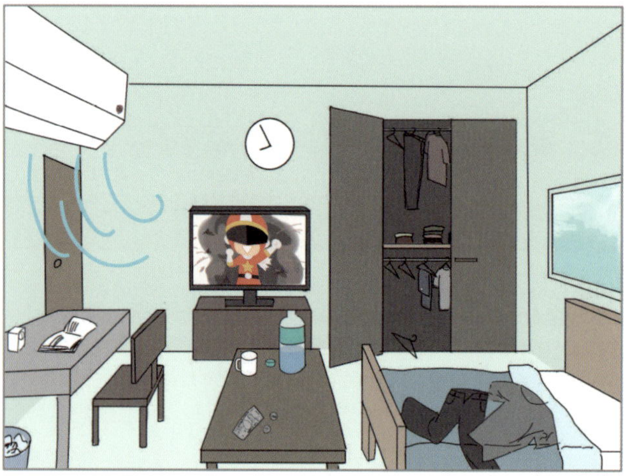

例）テレビをつけっぱなしにしないでください。

① クーラー　② 服　③ ペットボトル

④ クローゼットの扉　⑤ お金

3. 기본형 + わけにはいかない ~할 수는 없다

例のように話しましょう。赤い字の部分は自由に考えましょう。

例）テスト前

テスト前なので、遊びに行くわけにはいきません。

① テスト前　② ダイエット中　③ 給料日前

④ 大事な会議がある　⑤ 高いかばん

日本ではアルバイトを検索する時に「タウンワーク」「マイナビバイト」「バイトル」といったサイトを使うことがあります。今日は「タウンワーク」のサイトの使い方を確認しましょう。

（写真はスマートフォン版のものです）https://townwork.net

エリアを選択

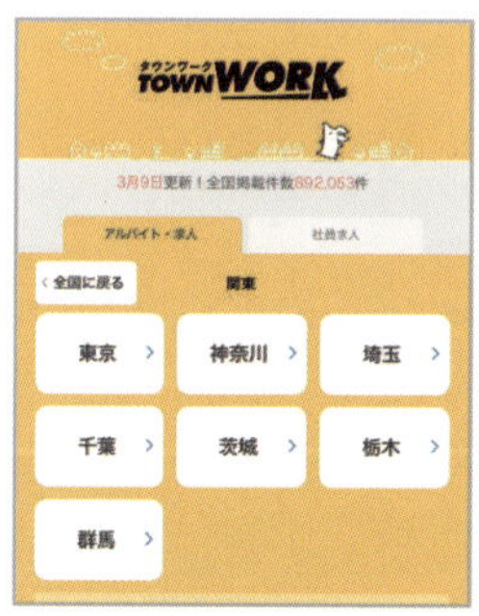

都道府県を選択

好きな検索方法を選んで入力

気になる求人をクリック

時給、勤務地、勤務時間などが見られます

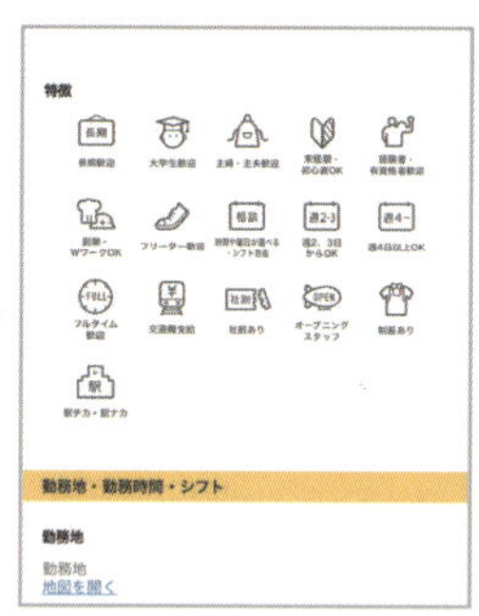

アルバイトの特徴もチェックできます

発展タスク

グループになり、下の三人の条件に合ったアルバイトを探して、すすめてみましょう。

① 山本さん 20代 / 男
★ 希望エリア：東京（池袋駅周辺）
★ 希望の職種：カフェ・レストラン・居酒屋などの飲食店
★ リクエスト：シフトが自由で、時給 1,200 円以上のところがいいです。

② 岡田さん 20代 / 女
★ 希望エリア：東京（渋谷駅周辺）
★ 希望の職種：スーパー・コンビニ・ドラッグストアなどの販売
★ リクエスト：週 1, 2 回だけアルバイトがしたいです。

③ 木村さん 40代 / 男
★ 希望エリア：東京都内
★ 希望の職種：接客以外の仕事
★ リクエスト：単発や短期でできる仕事を探しています。

単語を確認しましょう。

希望 희망 | エリア 지역, 구역 | 周辺 주변 | 職種 직종 | 販売 판매 | 給与 급여
勤務地 근무지 | 勤務時間 근무시간 | 固定シフト 고정 시프트 | 待遇 대우
歓迎 환영 | 徒歩 도보 | 駅チカ 역에서 가까움 | 駅ナカ 역 안 | 応募 응모, 지원

発展タスク

おすすめするアルバイトについて整理しましょう。

アルバイト先の名前	
場所	
時給	
勤務時間	
仕事内容	
おすすめポイント	

調べた内容を発表しましょう

例）

私たちが○○さんに紹介したいアルバイトは△△です。

場所は……で、時給は□□円です。

勤務時間は……。仕事内容は……。

このアルバイトのおすすめポイントは……。

ふり返りましょう

タスクはどうでしたか。4課のタスクをふり返ってみましょう。

5：よくできた 4：まあまあできた 3：普通 2：あまりできなかった 1：できなかった		
プレタスク	アルバイトに関連する言葉を知ることができた	5 4 3 2 1
	日本語で書かれたレビューが理解できた	5 4 3 2 1
メインタスク	自分の経験や意見を分かりやすく話すことができた	5 4 3 2 1
	アルバイトのよいところ・悪いところについて整理して話すことができた	5 4 3 2 1
発展タスク	日本でのアルバイトの探し方が理解できた	5 4 3 2 1
	条件に合ったアルバイトを探すことができた	5 4 3 2 1

この課でうまくできたことやできなかったこと、気づいたこと、もっと知りたいと思ったことなどを自由に話しましょう。

05 音楽(おんがく)

- 日本の有名な歌手や音楽について知りましょう
- クラスのレコード大賞を決めましょう

みなさんは、下(した)の歌手(かしゅ)を知(し)っていますか

① 嵐(あらし)	https://www.storm-labels.co.jp/s/js/artist/J0004?ima=1856
② 米津玄師(よねづけんし)	https://reissuerecords.net
③ LiSA	https://www.lxixsxa.com
④ 初音(はつね)ミク	https://blog.piapro.net
⑤ 宇多田(うただ)ヒカル	https://www.utadahikaru.jp
⑥ Official 髭男(ひげだん) dism	https://higedan.com
⑦ あいみょん	https://www.aimyong.net
⑧ SEKAI NO OWARI	https://sekainoowari.jp
⑨ 水樹奈々(みずきなな)	https://www.mizukinana.jp

プレタスク

①から⑨の歌手はどの音楽ジャンルにあてはまるでしょうか。

下の表に番号を書きましょう。

ジャンル	番号
J-POP	
ロック、バンド	
アニメソング（アニソン）	
ボーカロイド	

ペアで話し合ってみましょう。

知っている歌手がいる人は、その歌手について話してみましょう。

ペアで話し合った内容をクラスで共有しましょう。

メインタスク

プレタスクの歌手の中から興味のある歌手を選び、調べてクラスのみんなに紹介しましょう。

調べた歌手	
人数、メンバー	
ジャンル、特徴	
デビュー曲	
代表曲	
おすすめポイント	

例）

私が調べた歌手は○○です。

メンバーは△△、△△、△△の……人です。

○○の音楽ジャンルは……で、……という特徴があります。

デビュー曲は……で、代表曲は……です。

○○のおすすめポイントは……です。

聞きましょう①

単語を確認しましょう。

年末 연말 | レコード大賞 레코드 대상 | 優れる 우수하다 | 楽曲 악곡

表彰する 표창하다 | 受賞する 수상하다 | 紅白歌合戦 홍백가합전 (노래 대결 프로그램)

放送する 방송하다 | 紅組 홍팀 | 白組 백팀 | 勝敗 승패 | 競う 다투다 , 겨루다

構成する 구성하다 | 審査員 심사원 | 視聴者 시청자 | 投票 투표

5 課「聞きましょう」

キムさんと山田さんが好きな歌番組について話しています。

キーワードをメモしながら、二人の会話を聞きましょう。

聞きましょう②

クイズに挑戦しましょう。

Q 1. 山田さんは年末、何をする予定ですか。

Q 2. 「レコード大賞」とは、どんな番組ですか。

Q 3. 文の内容に合うものには○、合わないものには×を書きましょう。

① 最近では LiSA がレコード大賞を受賞した。（　）

②「紅白歌合戦」は年末のテレビ番組ではない。（　）

③ 視聴者は「紅白歌合戦」の投票に参加できない。（　）

聞きましょう③

もう一度聞いて、（　）に入る言葉を書きましょう。

山田：もうすぐ 12 月も終わりですね。早いなあ。

キム：そうですね。山田さんは年末、何をして過ごす予定ですか。

山田：私は家でゆっくりしながら、「レコード大賞」を見るつもりです。

キム：「レコード大賞」って、何ですか。初めて聞きました。

山田：「レコード大賞」は毎年年末にやっているテレビ番組のことで、その年の優れた楽曲や歌手を表彰するんですよ。
最近では LiSA や SEKAI NO OWARI が大賞を受賞していましたね。

キム：へえ。そんな番組があるんですね。
そういえば、日本には「紅白歌合戦」っていう歌番組もありませんでした（①　　　　　　）。

山田：ええ、あります。
「紅白歌合戦」も年末に放送される歌番組ですが、この番組では歌手が紅組と白組に分かれて勝敗を競います。
基本的に、紅組は女性、白組は男性で構成されていますね。

キム：へえ、そうなんですか。勝敗はどうやって決まるんですか。

山田：審査員と、会場のお客さんと、視聴者の投票で決まります。
テレビのリモコンで簡単に投票できるんですよ。
去年は確か紅組が優勝した（②　　　　　　）。

キム：家で投票できるのは楽しいですね。
私も今年の年末は紅白を見てみよう（③　　　　　　）。

練習しましょう

1. 보통체 ＋ っけ / 정중체 ＋ っけ ~였나 (요)?, ~였지 (였죠)?

例のように「っけ」を使って話しましょう。

例）会議 / 明日

〈丁寧な言葉で〉 A : あれ、会議って明日でしたっけ?
B : ええ、明日ですよ。

〈友達言葉で〉 A : あれ、会議って明日だったっけ?
B : うん、明日だよ。

① パクさんの誕生日 / 6 月
② 山田さんの出身 / 東京
③ 今日 / 木曜日
④ 授業 / 9 時から
⑤ 田中さん / 新宿に住んでいる
⑥ キムさん / 英語が話せる

練習しましょう

2. 보통체 + はずだ (당연히)~ 일 것이다

例のように話しましょう。赤い字の部分は自由に考えましょう。

> 例）キムさん / 美術大学を卒業した
>
> キムさんは美術大学を卒業したから、絵が上手なはずです。

① パクさん / かっこいい

② 山田さん / 10 年も韓国に住んでいる

③ 彼 / 社長

④ 今日 / 土曜日

3. 보통체 + かな（あ）~ 려나 ?, 인가 ?

例のように「かな（あ）」を使って話しましょう。

> 例）週末 / 晴れる
>
> 週末は晴れるかなあ。

① 田中さん / 授業に来る

② 東京の夏 / 暑い

③ 日本語のテスト / 簡単だ

④ あの女の人 / 大学生

発展タスク

みなさんは芸能事務所の広報を担当している社員です。所属している歌手がレコード大賞を取れるように、審査員にアピールしましょう。

1）下の①から③の歌手の中から、担当する歌手を選ぶ

2）1）で選んだ歌手についてタスクシートを使って調べる

3）担当の歌手が大賞を取れるようにアピールする

4）投票をして大賞を決める

① 米津玄師

★ 大賞の候補曲：Lemon　https://www.youtube.com/watch?v=SX_ViT4Ra7k

① Official 髭男 dism

★ 大賞の候補曲：Pretender　https://www.youtube.com/watch?v=TQ8WlA2GXbk

③ あいみょん

★ 大賞の候補曲：マリーゴールド　https://www.youtube.com/watch?v=0xSiBpUdW4E

単語を確認しましょう。

芸能事務所 연예기획사 | 広報 홍보 | 所属 소속 | 候補曲 후보곡

裏付ける 뒷받침하다 | 売り上げ 매상 | チャート 차트 | ランキング 랭킹

ダウンロード 다운로드

発展タスク

担当になった歌手について調べましょう。

歌手名・曲名	
アピールポイント	
アピールポイントを裏付けるデータ	例）売り上げ、チャート、ランキング、ダウンロード数など
その他	

調べた内容をもとにアピールしましょう。

例）
ただいまより、当社所属の歌手○○を紹介します。
○○は……。（アピールしたいことを話しましょう）
みなさん、○○の「△△（曲名）」をどうぞよろしくお願いします。

ふり返りましょう

タスクはどうでしたか。5課のタスクをふり返ってみましょう。

5：よくできた 4：まあまあできた 3：普通 2：あまりできなかった 1：できなかった		
プレタスク	日本で人気の歌手について知ることができた	5 4 3 2 1
	日本の音楽ジャンルについて理解できた	5 4 3 2 1
メインタスク	歌手の情報を調べることができた	5 4 3 2 1
	歌手について分かりやすく説明できた	5 4 3 2 1
発展タスク	担当歌手をアピールするためのデータを調べることができた	5 4 3 2 1
	担当歌手について説得力のあるアピールができた	5 4 3 2 1

この課でうまくできたことやできなかったこと、気づいたこと、もっと知りたいと思ったことなどを自由に話しましょう。

06 成人の日

- 日本の成人の日について学びましょう
- 他の国では成人を迎える時、どんなことをするか調べましょう

準備しましょう

韓国や日本では何歳からを成人というでしょうか。

また、成人を迎える時どのようなことをするでしょうか。

プレタスク

韓国(かんこく)では成人(せいじん)を迎(むか)える時(とき)どんなことをするかリストアップしましょう。

自分(じぶん)の経験(けいけん)や周(まわ)りの人(ひと)から聞(き)いた話(はなし)を書(か)いてもかまいません。

- [ ]
- [ ]
- [ ]
- [ ]
- [ ]
- [ ]
- [ ]

上(うえ)で書(か)いた内容(ないよう)をペアで話(はな)し合(あ)ってみましょう。

ペアで話(はな)し合(あ)った内容(ないよう)をクラスで共有(きょうゆう)しましょう。

下の①から④の中から興味のあるテーマを１つ選び、調べてクラスのみんなに紹介しましょう。

① 日本の成人の日の行事の服装　② 日本の成人の日当日の流れ

③ 日本各地の特色のある成人式　④ 成人の迎え方の韓日比較

調べたテーマ	
調べた内容	
気づいたこと・感想	

例）
私（たち）は○○について調べました。
（日本の成人の日は……。また、……。）
○○を調べてみて、……と思いました。

聞きましょう①

単語を確認しましょう。

祝日 공휴일 | 成人の日 성인의 날 | 新成人 신성인 (갓 성인이 된 사람) | 地元 고향

ホール 홀 | 集まる 모이다 | 講演 강연 | 振袖 후리소데 (소매가 긴 기모노)

袴 하카마 (기모노 위에 덧입는 주름 잡힌 전통 하의) | 結構 꽤 , 제법

貸し出す 빌려주다 , 대여하다 | 借りる 빌리다 | 一生 평생 | 祝う 축하하다

着付け 옷이 몸에 맞도록 맵시 있게 입는 것 또는 입혀 주는 것

（髪を）セットする (머리를) 세팅하다

6 課「聞きましょう」

キムさんと山田さんが成人の迎え方について話しています。

キーワードをメモしながら、二人の会話を聞きましょう。

聞きましょう②

クイズに挑戦しましょう。

Q 1. 山田さんは成人式でどんなことをしましたか。

Q 2. 山田さんはなぜ成人式当日忙しかったのですか。

Q 3. 文の内容に合うものには○、合わないものには×を書きましょう。

① 成人式にスーツを着てくる人は最近減っている。（　）

② 山田さんは成人式で振袖を着た。（　）

③ キムさんは日本と韓国の成人の迎え方が似ていると考えている。（　）

聞きましょう③

もう一度聞いて、（　）に入る言葉を書きましょう。

キム：来週の月曜日、日本は祝日なんですね。

山田：ええ。成人の日なので、多くの新成人が成人式に行くはずですよ。

キム：へえ。日本の成人式ではどんなことをするんですか。

山田：私の場合は、地元のホールに新成人が集まって講演を聞いたり、みんなで写真を撮ったりしましたよ。

キム：そうなんですね。そういえば、日本の成人式ではみんな着物を着るそうですね。

山田：はい。女性は振袖、男性は袴を着ますが、スーツで来る人も結構いますよ。新成人（①　　　　　）振袖や袴を貸し出している会社がいくつかあって、そこで借りる人が多いですね。

キム：へえ。振袖を着ている人をテレビで見ましたが、すごく綺麗でした。

山田：そうですね。私も着たんですが、一生に一度着るか着ないかなのでとても特別な感じがしました。でも、準備をするのが大変だったんですよ…。

キム：えっ、そうなんですか。

山田：成人式当日は、朝早く起きて美容院に行って、着付けをしたり髪をセットしたりする場合が多いんです。だから結構忙しくて…。

キム：そんなに準備が大変だ（②　　　　　　　）、知りませんでした。

山田：そうですよね。韓国ではどんなふうに成人を迎えるんですか。

キム：韓国にも成人の日があって新成人をお祝いします。成人の日（③　　　　　）、日本のように何か特別な行事をするわけではなく、家族や恋人からプレゼントをもらうことが多いですね。

山田：そうなんですね。

1. 명사 ＋ 向けに（向けの）~ 대상으로 , ~ 용으로 (~ 을 대상으로 한)

例のように2つの文を作りましょう。

例）1）これは高校生のために作ったテキストです。
→ これは高校生向けに作られたテキストです。
→ これは高校生向けのテキストです。

① これは子どものために作ったおもちゃです。

② これは外国人のために用意したパンフレットです。

③ これは専門家のために書いた本です。

④ これは初心者のために開いた授業です。

練習しましょう

2. 보통체 + なんて ~라니 , ~하다니

例のように話しましょう。

> 例）キムさん / 来週韓国に帰る / 知らなかった
> キムさんが来週韓国に帰るなんて知りませんでした。

① 山田さん / 結婚する / 初めて聞いた

② あの人 / 浮気をした / 信じられない

③ 日本の夏 / こんなに暑い / 知らなかった

④ 大盛りのラーメン / 500円 / 安すぎる

3. 보통체 + といっても ~라고 해도

例のように正しい文章を作って話しましょう。

> 例）日本に住むといっても半年だけです。

例）日本に住む・	・簡単なあいさつくらいです
① 英語が話せる・	・社員は三人しかいません
② やせた・	・半年だけです
③ 辛い・	・1キロだけです
④ 社長・	・韓国料理ほどではありません

発展タスク

韓国・日本以外の国や地域ではどのように成人を迎えるのでしょうか。

好きな国・地域を１つ選んで成人の迎え方について調べましょう。

調べた国・地域	
調べた内容	例）成人年齢 / どんなことをするか / なぜそのようにするかなど
気づいたこと・感想	

例）

私（たち）は○○の成人の迎え方ついて調べました。

○○では、成人する時……。

△△をする理由は、……からです。

○○を調べてみて、……と思いました。

ふり返りましょう

タスクはどうでしたか。6 課のタスクをふり返ってみましょう。

5：よくできた 4：まあまあできた 3：普通 2：あまりできなかった 1：できなかった		
プレタスク	韓国での成人の迎え方について整理できた	5 4 3 2 1
	自分や周りの人の経験を分かりやすく伝えることができた	5 4 3 2 1
メインタスク	日本の成人式についての知識を深めることができた	5 4 3 2 1
	自分が選んだテーマについて調べ、分かりやすく説明できた	5 4 3 2 1
発展タスク	世界の成人の迎え方について調べ、分かりやすく説明できた	5 4 3 2 1
	他の人の発表を聞いて、自分が調べた地域以外の文化についても理解できた	5 4 3 2 1

この課でうまくできたことやできなかったこと、気づいたこと、もっと知りたいと思ったことなどを自由に話しましょう。

memo

07 お祭り(まつ)

- 日本のお祭りの特徴を学びましょう
- 日本各地の有名なお祭りについて調べましょう

準備しましょう

みなさんは、日本のお祭りに行ったことがありますか。

または、日本のお祭りについて聞いたことがありますか。

プレタスク

「日本のお祭り」と聞いて思い浮かぶキーワードを下のマップのように書いてみましょう。

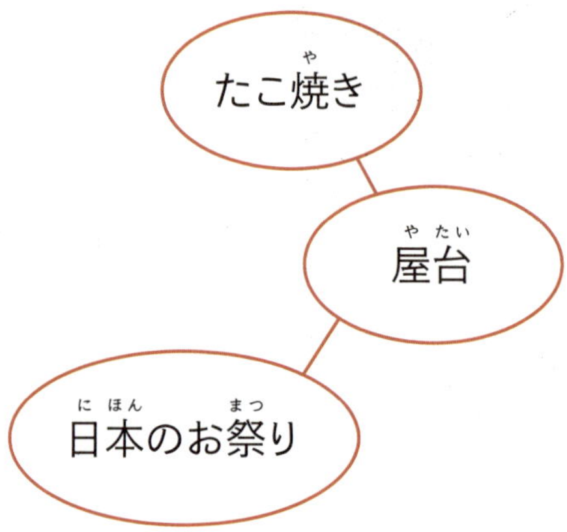

作ったマップをペアで共有しましょう。

お祭りに行ったことがある人はその経験を話してみましょう。

ペアで話し合った内容をクラスで共有しましょう。

メインタスク

ペアで下の①から⑤の中から興味のあるテーマを1つ選び、調べてクラスのみんなに紹介しましょう。

① 屋台の食べ物　② 屋台のゲーム・おもちゃ　③ おみこし

④ 盆踊り・太鼓　⑤ お祭りの服装

調べたテーマ	
調べた内容	
気づいたこと・感想	

例）

私（たち）は○○について調べました。

○○は……。（調べた内容を話しましょう）

○○を調べてみて、……と思いました。

聞きましょう①

単語を確認しましょう。

地域 지역 | 屋台 포장마차 | たこ焼き 타코야키 | 焼きそば 야키소바
かき氷 빙수 | チョコバナナ 초코 바나나 | 特別だ 특별하다 | 感じ 느낌
りんご飴 사과 사탕 | みかん 귤 | いちご 딸기 | 確か 아마 (확인할 때)
悩む 고민하다 | 待ち遠しい 기다려지다 | おみこし 신위를 모신 가마
盆踊り 봉오도리 (음력 7 월 15 일경 (盆) 지역 사람들이 모여 노래에 맞춰 춤을 추는 것)

7 課「聞きましょう」

キムさんと山田さんがお祭りについて話しています。

キーワードをメモしながら、二人の会話を聞きましょう。

聞きましょう②

クイズに挑戦しましょう。

Q 1. お祭りの屋台では、どんな食べ物が買えますか。

Q 2. キムさんはどうしてりんご飴を食べてみたいと思っていますか。

Q 3. 文の内容に合うものには○、合わないものには×を書きましょう。

① キムさんは日本のお祭りに行ったことがある。（　）

② りんご飴の屋台には、りんご以外の飴もある。（　）

③ お祭り当日は、盆踊りやおみこしも見ることができる。（　）

聞きましょう③

もう一度聞いて、（　　）に入る言葉を書きましょう。

山田：キムさん、週末ひまですか。

キム：今週ですか。

山田：ええ。実は、今週末に私の地元でお祭りがあるんですけど、よかったら一緒に行きませんか。

キム：いいですね。ぜひ行きたいです。
日本のお祭りに行くのは初めてなので、楽しみです。

山田：あ、そうなんですね。きっと楽しいですよ。

キム：日本のお祭りでは、屋台でいろんな食べ物が買えるって聞いたことがあります。

山田：ええ。たこ焼き、焼きそば、かき氷、チョコバナナなどがありますよ。
お祭りで食べる食べ物って、何だか特別な感じがして好きなんですよね。
やっぱりお祭りは食べる（①　　　　　　　　）。

キム：ははは。いいですね。私はりんご飴が食べてみたいです。
前に見たアニメにりんご飴が出てきて、すごくおいしそうだったんですよね。

山田：そうなんですか。じゃあ、ぜひ食べましょう。
りんご飴の屋台には、りんご以外にもみかん飴（②　　）いちご飴（③　）もありますよ。キムさん、確かいちご好きでしたよね。

キム：え、そうなんですか。どれを食べるか悩ん（④　　　　）ますね…。
お祭りの日が待ち遠しいです。

山田：私も楽しみです。
当日は盆踊りやおみこしのイベントもあるみたいなので、それも一緒に見に行きましょう。

キム：いいですね。そうしましょう。

1. 동사 / 명사 + に限る ~하는 것이 제일이다

例のように話しましょう。赤い字の部分は自由に考えましょう

例）お祭り

A：お祭りはやっぱり屋台の食べ物に限りますね。

B：そうですね。

① 寒い日　② 夏　③ お酒のおつまみ

④ 疲れている時　⑤ 休みの日　⑥ 風邪をひいた時

2. 명사 , 동사 / 형용사 보통체 + とか ~라든가 ~라든가

例のように（　　）に入る言葉を自由に考えて話しましょう。

A：日本では（寿司）とか（ラーメン）とかが外国人に人気がありますね。
B：へえ、そうなんですか。

① A：韓国は（　　　　）とか（　　　　）とかの食べ物が有名です。

B：へえ、そうなんですか。

② A：（　　　　）とか（　　　　）とか、カロリーの高いものばっかり食べると太りますよ。

B：ええ、分かってはいるんですけど…。

③ A：日本語がもっと上手になりたいなら、（　　　　）とか（　　　　）とかするのがいいと思います。

B：なるほど。いい方法ですね。

④ A：最近ストレスが溜まっているんです。

B：それなら（　　　　）とか（　　　　）とかするのはどうですか。

3. ちゃう / じゃう ~해 버리다 (축약형)

例(れい)のように「てしまう」を「ちゃう / じゃう」に変(か)えて話(はな)してみましょう。

例(れい)）駅(えき)で財布(さいふ)をなくしてしまいました。
→ 駅(えき)で財布(さいふ)をなくしちゃいました。

① 昨日(きのう)、お酒(さけ)を飲(の)みすぎてしまいました。

→ ______

② レポートの提出(ていしゅつ)をうっかり忘(わす)れてしまいました。

→ ______

③ 寝坊(ねぼう)して、遅刻(ちこく)してしまいました。

→ ______

④ 試験(しけん)の前日(ぜんじつ)なのに、遅(おそ)くまで遊(あそ)んでしまいました。

→ ______

発展(はってん)タスク

みなさんはお祭(まつ)りの実行委員(じっこういいん)で、お祭(まつ)りの PR を担当(たんとう)しています。

①から⑥の中(なか)から1つ選(えら)んで、お祭(まつ)りの魅力(みりょく)をアピールしましょう。

① 神田祭(かんだまつり) / 東京(とうきょう)　https://www.kandamyoujin.or.jp/kandamatsuri/

② 祇園祭(ぎおんまつり) / 京都(きょうと)　http://www.gionmatsuri.or.jp

③ 天神祭(てんじんまつり) / 大阪(おおさか)　https://osakatemmangu.or.jp/saijireki/tjm

④ 阿波踊(あわおど)り / 徳島(とくしま)　https://funfun-tokushima.jp/awaodori/

⑤ ねぶた祭(まつ)り / 青森(あおもり)　https://www.nebuta.jp

⑥ よさこい祭(まつ)り / 高知(こうち)　http://www.cciweb.or.jp/kochi/yosakoiweb/

単語(たんご)を確認(かくにん)しましょう。

実行委員(じっこういいん) 실행위원 | 時期(じき) 시기 | 開催場所(かいさいばしょ) 개최 장소 | 起源(きげん) 기원 | 見(み)どころ 볼거리

発展タスク

担当になったお祭りについて調べましょう。

調べたお祭り	
開催時期	
開催場所	
お祭りの意味・起源	
お祭りの内容 見どころ	

例）

みなさんこんにちは。今日は○○について紹介します。

○○は……に……で開催されるお祭りです。

○○の起源は……で……という意味があります。

○○では、……をします。見どころは……です。

ぜひ、○○に遊びに来てください。

ふり返りましょう

タスクはどうでしたか。7課のタスクをふり返ってみましょう。

5：よくできた 4：まあまあできた 3：普通 2：あまりできなかった 1：できなかった		
プレタスク	お祭りに関するキーワードをたくさん書くことができた	5 4 3 2 1
	自分の経験や知識を分かりやすく伝えることができた	5 4 3 2 1
メインタスク	自分が選んだテーマについて調べ、分かりやすく説明できた	5 4 3 2 1
	日本のお祭りの文化が理解できた	5 4 3 2 1
発展タスク	お祭りの見どころや起源について分かりやすく説明できた	5 4 3 2 1
	日本各地の有名なお祭りについて理解できた	5 4 3 2 1

この課でうまくできたことやできなかったこと、気づいたこと、もっと知りたいと思ったことなどを自由に話しましょう。

memo

08 まとめ

- これまで学んだ文化について、さらに考えを深めましょう
- 自分が興味のあるテーマについて、調べたり考えたりしたことを発表しましょう

準備(じゅんび)しましょう

これまでの学習(がくしゅう)を通(とお)して印象(いんしょう)に残(のこ)っていることやもっと知(し)りたいと思(おも)ったことはありますか。ペアやグループで話(はな)し合(あ)ってみましょう。

1. 食(た)べ物(もの)

2. マナー

3. アニメ・マンガ

4. アルバイト

5. 音楽(おんがく)

6. 成人(せいじん)の日(ひ)

7. お祭(まつ)り

プレタスク

自分が発表するテーマを決めましょう。

発表テーマの例

- 1 課：日本のエリア別おいしいものランキング
- 3 課：私の好きな日本のアニメ
- 4 課：日本の大学生のアルバイトの実態
- 7 課：お祭りの日韓比較

テーマがなかなか決まらない人は……
・クラスメイトと意見交換をする
・マインドマップを書いてみる
・AI に聞いてヒントをもらう
などの方法を使ってみてはどうですか。

メインタスク

自分が選んだテーマについて、調べたり考えたりしたことを発表しましょう。

発表テーマ	
テーマを 選んだ理由	
調べたこと	
考えたこと 気づいたこと	

今まで学んだ発表の表現をたくさん使ってみましょう！

ふり返りましょう

自分自身の発表についてふり返ってみましょう。

5：よくできた 4：まあまあできた 3：普通 2：あまりできなかった 1：できなかった	
自分が興味のあるテーマについて、授業で学んだ以上のことを調べることができた	5 4 3 2 1
自分が選んだテーマについて分かりやすく明確に発表できた	5 4 3 2 1
正しい日本語を使って発表できた	5 4 3 2 1
発表する際の声の大きさや視線、話す速度などが適切だった	5 4 3 2 1
聞く人が理解しやすいような発表資料を使って発表できた	5 4 3 2 1

クラスメートの発表を聞いて感想をコメントカードに書きましょう。

今回の発表活動を通して感じたことや考えたことを書きましょう。

★ コメントカード

________さんへ	________さんへ
________さんへ	________さんへ
________さんへ	________さんへ

模範解答(もはんかいとう)

1課　食べ物

プレタスク正解

北海道：②　　東京：①　　京都：③

大阪：④　　福岡：⑤　　沖縄：⑥

聞きましょう①正解

Q 1.　福岡

Q 2.　牛や豚のもつを入れた鍋料理 / みそ味やしょうゆ味が有名 / シメに食べるうどんや雑炊もおいしい　など

Q 3.　①×②○③×

聞きましょう②正解

① ならではの　　② はもちろん　　③ みたい

練習しましょう　解答例

1. ～ならではの

① A：韓国ならではの食べ物って何ですか。

B：そうですね…。キムチが韓国ならではの食べ物だと思います。

② A：チェジュドならではのお土産って何ですか。

B：そうですね…。みかんチョコがチェジュドならではのお土産だと思います。

③ A：東京ならではの観光地ってどこですか。

B：そうですね…。浅草が東京ならではの観光地だと思います。

2. ～はもちろん

① このラーメン屋はラーメンはもちろんぎょうざもおいしいです。

② 韓国は地下鉄はもちろんバスも便利です。

③ パクさんは日本語はもちろん英語も話せます。

④ この映画は大人はもちろん子どもも楽しめます。

3. ～みたいだ

① 田中さんは野菜が嫌いみたいです。

② パクさんは風邪をひいた（ひいている）みたいです。

③ 木村さんは怒っているみたいです。

④ チェさんはお腹が空いているみたいです。

⑤ 山田さんは木村さんのことが好きみたいです。

2課　マナー

聞きましょう①正解

Q 1.　食堂に行った時、はししか出てこなかったこと

（食堂に行った時、スプーンが出てこなかったこと）

Q 2.　ご飯と汁物はスプーン、おかずははしを使って食べる。

Q 3.　① ○ ② × ③ ×

聞きましょう②正解

① わけではない　② 置いてあります　③ よって

練習しましょう　解答例

1. ～わけではない

① アメリカに住んでいたからといって、英語が上手に話せるわけではありません。

② ダイエットをしているからといって、何も食べないわけではありません。

③ お金持ちだからといって、幸せなわけではありません。

④ 日本人だからといって、みんな寿司が好きなわけではありません。

2. ～てある

① 窓が閉めてあります。

② ジュースが冷やしてあります。

③ 花が飾ってあります。

④ エアコンがつけてあります。

⑤ 料理が作ってあります。

3. ～によって

① 好きな食べ物は人によって様々です。

② ランチメニューは曜日によって変わります。

③ 給料は仕事の成果によって決まります。

④ 話し方は相手によって変えたほうがいいです。

3課　アニメ・マンガ

プレタスク正解

格闘（バトル）　：⑥

ギャグ　：③

ファンタジー　：④

恋愛（ラブコメ）　：⑤

スポーツ　：①

推理（ミステリー）　：②

聞きましょう①正解

Q 1.　スポーツやバトルもののアニメ

Q 2.　バレーボールに熱中する高校生たちを描いた作品

主人公が仲間と一緒に成長していく姿がかっこいいアニメ　など

Q 3.　① × ② ○ ③ ×

聞きましょう②正解

① を抜きにしては　② だけでなく　③ 見てもらいたい

練習しましょう　解答例

1. ～を抜きにしては

① 韓国の文化は K-POP を抜きにしては語れません。

② 私の学生時代はサークル活動を抜きにしては語れません。

③ 韓国の料理は唐辛子を抜きにしては成り立ちません。

④ 現代社会はインターネットを抜きにしては生きられません。

2. ～だけでなく（だけじゃなくて）

① 健康のためには、肉だけでなく魚も食べたほうがいいですよ。

② このレストランは、おいしいだけでなく値段も安いから好きです。

③ パクさんは、イケメンなだけでなく性格もいいです。

④ 図書館では、本を借りられるだけでなくパソコンも使うことができます。

3. ～てもらいたい

① A：お母さんに何をしてもらいたいですか。

B：そうですね…。お小遣いを増やしてもらいたいです。

② A：友達に何をしてもらいたいですか。

B：そうですね…。ゲームを貸してもらいたいです。

③ A：恋人に何をしてもらいたいですか。

B：そうですね…。もっとたくさん連絡をしてもらいたいです。

④ A：日本語の先生に何をしてもらいたいですか。

B：そうですね…。会話で使う日本語を教えてもらいたいです。

4課　アルバイト

プレタスク正解

シフト：시프트 (근무 요일 및 시간을 일주일이나 한 달 등 일정 기간마다 정하는 근무형태)

時給：시급

単発：일용직 아르바이트

短期：단기

長期：장기

接客：접객

レジ：계산대

品出し：창고에서 상품을 꺼내거나 진열대에 꺼내놓는 것

ホール：홀 서빙

キッチン：주방

交通費支給：교통비 지급

まかない：(주로 음식점에서) 종업원 · 직원에게 제공되는 식사

服装自由：복장 자유

髪型自由：헤어스타일 자유

プレタスク正解

（上から順に）

③、⑤、④、①、⑥、②

聞きましょう①正解

Q 1.　コンビニのバイト

Q 2.　勉強とバイトを両立できるか不安だから。
（勉強をおろそかにするわけにはいかないから。）

Q 3.　① × ② ○ ③ ×

聞きましょう②正解

① にとって　② 立ちっぱなし　③ わけにはいかないです

練習しましょう　解答例

1. ～にとって

① A：子どもにとって一番大切なことは何だと思いますか。

B：そうですね…。たくさん遊ぶことが子どもにとって一番大切だと思います。

② A：受験生にとって一番大切なことは何だと思いますか。

B：そうですね…。勉強が受験生にとって一番大切だと思います。

③ A：スポーツ選手にとって一番大切なことは何だと思いますか。

B：そうですね…。毎日の練習がスポーツ選手にとって一番大切だと思います。

④ A：外国語を勉強する人にとって一番大切なことは何だと思いますか。

B：そうですね…。単語を覚えることが外国語を勉強する人にとって一番大切だと思います。

2. ～っぱなし

① クーラーをつけっぱなしにしないでください。

② 服を脱ぎっぱなしにしないでください。

③ ペットボトルを出しっぱなしにしないでください。

④ クローゼットの扉を開けっぱなしにしないでください。

⑤ お金を置きっぱなしにしないでください。

3. ～わけにはいかない

① テスト前なので、ゲームをするわけにはいきません。

② ダイエット中なので、お菓子を食べるわけにはいきません。

③ 給料日前なので、無駄遣いをするわけにはいきません。

④ 大事な会議があるので、遅刻するわけにはいきません。

⑤ 高いかばんなので、なくすわけにはいきません。

5課　音楽

プレタスク正解

J-POP：①, ②, ⑤, ⑦　　ロック、バンド：⑥, ⑧

アニメソング：③, ⑨　　ボーカロイド：④（②を含めても正解）

聞きましょう①正解

Q 1.　家でゆっくりしながら、レコード大賞を見る予定

Q 2.　毎年年末にやっているテレビ番組で、その年の優れた楽曲や歌手を表彰する番組

Q 3.　① ○ ② × ③ ×

聞きましょう②正解

① っけ　　② はずです　　③ かな（あ）

練習しましょう　解答例

1. ～っけ

① A：あれ、パクさんの誕生日って６月でしたっけ？　B：ええ、６月ですよ。
A：あれ、パクさんの誕生日って６月だったっけ？　B：うん、６月だよ。

② A：あれ、山田さんの出身って東京でしたっけ？　B：ええ、東京ですよ。
A：あれ、山田さんの出身って東京だったっけ？　B：うん、東京だよ。

③ A：あれ、今日って木曜日でしたっけ？　B：ええ、木曜日ですよ。
A：あれ、今日って木曜日だったっけ？　B：うん、木曜日だよ。

④ A：あれ、授業って9時からでしたっけ？　B：ええ、９時からですよ。
A：あれ、授業って9時からだったっけ？　B：うん、9時からだよ。

⑤ A：あれ、田中さんって新宿に住んでいましたっけ？　B：ええ、住んでいますよ。
A：あれ、田中さんって新宿に住んでいたっけ？　B：うん、住んでいるよ。

⑥ A：あれ、キムさんって英語が話せましたっけ？　B：ええ、話せますよ。
A：あれ、キムさんって英語が話せたっけ？　B：うん、話せるよ。

2. ～はずだ

① パクさんはかっこいいから、人気があるはずです。

② 山田さんは 10 年も韓国に住んでいるから、韓国語が上手なはずです。

③ 彼は社長だから、お金持ちのはずです。

④ 今日は土曜日だから、道が混んでいるはずです。

3. ～かな（あ）

① 田中さんは授業に来るかな（あ）。

② 東京の夏は暑いかな（あ）。

③ 日本語のテストは簡単かな（あ）。

④ あの女の人は大学生かな（あ）。

6課　成人の日

聞きましょう①正解

Q 1.　地元のホールに集まって講演を聞いたり写真を撮ったりした。

Q 2.　朝早く起きて美容院に行って、着付けをしたり髪をセットしたりしたから。

Q 3.　① × ② ○ ③ ×

聞きましょう②正解

① 向けに　　② なんて　　③ といっても

練習しましょう　解答例

1. ～向けに（向けの）

① これは子ども向けに作られたおもちゃです。

これは子ども向けのおもちゃです。

② これは外国人向けに用意されたパンフレットです。

これは外国人向けのパンフレットです。

③ これは専門家向けに書かれた本です。

これは専門家向けの本です。

④ これは初心者向けに開かれた授業です。

これは初心者向けの授業です。

練習しましょう　解答例

2. ～なんて

① 山田さんが結婚するなんて初めて聞きました。

② あの人が浮気をしたなんて信じられません。

③ 日本の夏がこんなに暑いなんて知りませんでした。

④ 大盛りのラーメンが 500 円だなんて安すぎます。

3. ～といっても

① 英語が話せるといっても簡単なあいさつくらいです。

② やせたといっても 1 キロだけです。

③ 辛いといっても韓国料理ほどではありません。

④ 社長といっても社員は三人しかいません。

7課　お祭り

聞きましょう①正解

Q 1.　たこ焼き、焼きそば、かき氷、チョコバナナなど

Q 2.　アニメに出てきておいしそうだったから

Q 3.　①×②○③○

聞きましょう②正解

①に限ります　②とか　③とか　④じゃい

練習しましょう　解答例

1. ～に限る

① 寒い日はやっぱり鍋に限りますね。

② 夏はやっぱりアイスに限りますね。

③ お酒のおつまみはやっぱりチーズに限りますね。

④ 疲れている時はやっぱり寝るに限りますね。

⑤ 休みの日はやっぱりテレビを見るに限りますね。

⑥ 風邪をひいた時はやっぱりゆっくり休むに限りますね。

2. ～とか～とか

① A：韓国は（チヂミ）とか（ビビンバ）とかの食べ物が有名です。

B：へえ、そうなんですか。

② A：（ピザ）とか（チキン）とか、カロリーの高いものばっかり食べると太りますよ。

B：ええ、分かってはいるんですけど…。

③ A：日本語がもっと上手になりたいなら、（日本のドラマを見る）とか（音楽を聴く）とかするのがいいと思います。

B：なるほど。いい方法ですね。

④ A：最近ストレスが溜まっているんです。

B：それなら（運動をする）とか（カラオケに行く）とかするのはどうですか。

3. ちゃう / じゃう

① 昨日、お酒を飲みすぎちゃいました。

② レポートの提出をうっかり忘れちゃいました。

③ 寝坊して、遅刻しちゃいました。

④ 試験の前日なのに、遅くまで遊んじゃいました。

教師用マニュアル

교사용 지침서는 QR코드로 다운로드할 수 있습니다.

태스크로 배우는 문화와 일본어

초판 1쇄 인쇄 2024년 8월 26일
초판 1쇄 발행 2024년 8월 30일

지은이 김지선, 아사카와 유키, 요시다 레이코, 혼다 미호
펴낸이 김재광
펴낸곳 솔과학
편　집 다락방
영　업 최회선
디자인 miro1970@hotmail.com
일러스트 (p.18,38,60) 吉田優太(조우태)
등　록 제02－140호 1997년 9월 22일
주　소 서울특별시 마포구 독막로 295번지 302호(염리동 삼부골든타워)
전　화 02)714－8655
팩　스 02)711－4656
E－mail solkwahak@hanmail.net

ISBN 979－11－92404－83－7 93730

값 18,000원